まちごとチャイナ

Fujian 002 Fuzhou

はじめての福州

「山海の幸」あふれる省都

Asia City Guide Production

【白地図】福州と華南

CHINA
福建省

【白地図】福州

CHINA
福建省

福州

Fuzhou

白地図

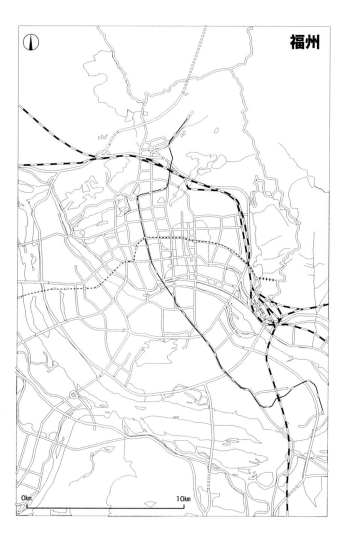

【白地図】福州旧城

CHINA
福建省

【白地図】福州旧城中心部

CHINA
福建省

【白地図】三坊七巷

CHINA
福建省

【白地図】旧城外

CHINA
福建省

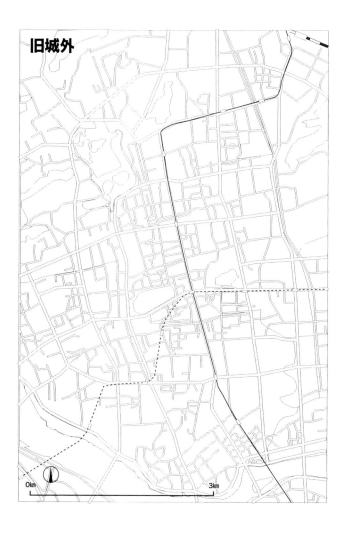

【白地図】福州郊外

CHINA
福建省

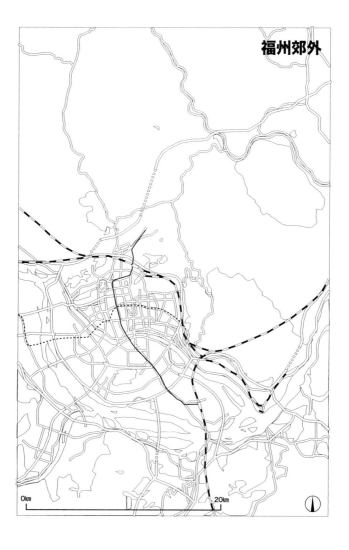

福州郊外

Fuzhou

白地図

【白地図】馬尾

CHINA
福建省

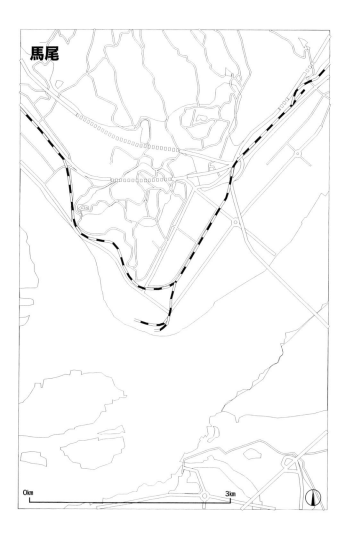

【まちごとチャイナ】
001 はじめての福建省
002 はじめての福州
003 福州旧城
004 福州郊外と開発区
005 武夷山
006 泉州
007 厦門
008 客家土楼

CHINA
福建省

福建省奥部の武夷山系から流れる閩江の河口部に位置する福州。明清時代からこの省の政治、経済、文化の中心地となり、街にはガジュマル（榕樹）など亜熱帯の豊かな植生が見られる。

紀元前202年、中原とは異なる閩越国の都がおかれたことが福州のはじまりで、唐宋時代（7〜13世紀）に漢族の進出とともに中国化していった。やがて海上交易の発達を受けて港町へと成長をとげ、明（14〜17世紀）代、泉州に代わってこの地方最大の港となった。この福州を目指して朝貢に訪

Fuzhou
はじめての福州

れたのが琉球国で、福州には琉球人の暮らす柔遠駅がおかれていた。

　福州と閩江流域では独特の方言（閩東語もしくは福州語）が話され、また海と山に囲まれた立地もあって、古くから多くの華僑を生んできた。東南アジアのほか、日本にも多くの福州人が進出し、いんげん豆、長崎ちゃんぽんなど福州ゆかりの食べものも親しまれている。

【まちごとチャイナ】

福建省002 はじめての福州

目次

はじめての福州 …………………………………………xviii

食と榕樹芳醇の福州 ………………………………………xxiv

福州旧城城市案内……………………………………………xxxvii

福州から琉球長崎へ ……………………………………lix

旧城外城市案内 …………………………………………lxvii

福州郊外城市案内 ………………………………………lxxv

城市のうつりかわり………………………………………lxxxv

【MEMO】

【地図】福州と華南

CHINA
福建省

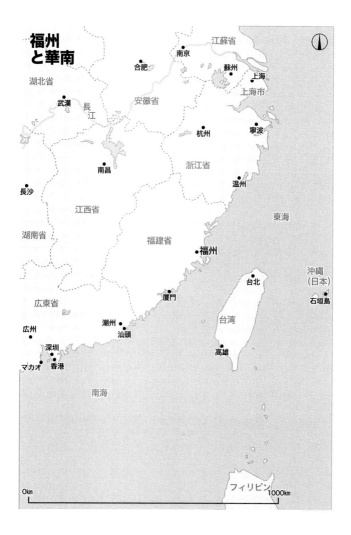

食と榕樹 芳醇の福州

CHINA 福建省

2000年以上の歴史をもつ福建省の省都福州
背後に山、前面に海の広がる福建省の中心地で
豊かな食文化をもつ街と知られる

「政治の都」福建省都

福建という名前は、唐（618～907年）代、遠く中原から南遷してきた漢族の進出拠点となった「福州（福建海岸ルート）」と「建州（福建内陸ルート）」の頭文字からとられた。南宋（1127～1279年）の都が浙江杭州におかれると、南中国の文化、経済が北中国を凌駕していき、港町として福州の重要性が高まった。元（1271～1368年）代まで福建最大の港は泉州だったが、明（1368～1644年）代に福州が最大の貿易港となり、福建省の省都となった（また明清交替期に、唐王が福州で幕府を開いて南明の隆武帝となり、当時、福州は天興府と呼ば

Fuzhou｜食と榕樹芳醇の福州

れた)。清(1616〜1912年)代には閩浙総督の治所となるなど、福建省の行政府といった性格が強く、琉球使節の朝貢受け入れ先でもあった。政治の都といった面は現代まで続き、また明清時代の面影を伝える三坊七巷や旧城内にそびえる三山を抱える観光都市でもある。

閩江ほとりにひらけた

福州は東海から65㎞ほど遡行した閩江の北岸に開け、福建省の古名である「閩」もこの閩江に由来する(紀元前、閩江流域に暮らす非漢族の越族を閩越族と呼んだ)。丘陵部が省

CHINA
福建省

面積の9割を占めるという山がちな福建では、河川は物資や人を運ぶ交通路となり、水系ごとに言葉や習俗が異なるとも言われた。福州は海と山の双方に通ずる地の利をもつ物資の集散地となり、また閩江流域の農耕に適さない土地を離れ、華僑となって海を渡る人びとも多かった。福州と閩江流域では、北京語（普通語）や福建省南部の閩南語とも異なる閩東語（福州語）が話され、漁業従事者を「討海」と呼ぶなど、際立った独自性（閩俗）で知られる。

▲左 福州中心部に位置する三坊七巷。 ▲右 店との客とのやりとり、福州駅前にて

福州料理と日本

鶏肉や海鮮、フカヒレを紹興酒の瓶で煮込んだ「仏跳牆」、豚肉を使った伝統料理の「荔枝肉」、アヒルの卵が入ったスープ「太平燕」。福州料理は海の幸、山の幸をふんだんに使い、あっさりとした味つけで仕あげられる。この福州料理は交易を通じて、琉球国(1429 ～ 1879 年)時代の沖縄や、江戸(1603 ～ 1867 年)時代の長崎にももたらされている。「皿うどん(炒肉糸糸麺)」や「長崎ちゃんぽん」などは、福建料理をもとにしたしっぽく料理(長崎の中華料理)から生まれた。食事をとることを北京語で「吃饭(チーファン)」と呼ぶが、福

CHINA
福建省

建語では「吃饭（シャポン、セッポン）」と発音され、「ちゃんぽん（長崎ちゃんぽん）」という言葉はそこから転嫁したという。

福州の構成

高さ58.6mの于山、高さ86.2mの烏山、高さ45mの屏山という3つの山（三山）が城内にそびえる特異な景観をもつ福州旧城。紀元前202年につくられた最初の街は、旧城北の屏山南麓にあり、その後、時代をくだるごとに城壁が拡大し、3つの山を城内に抱えるようになった（また仏教が盛んなこ

Fuzhou 食と榕樹芳醇の福州

▲左　それまで未開の土地だった福建を発展させた王審知（862〜925年）。
　▲右　小吃をつまみながら街を歩いてみよう

とでも知られ、かつては街を囲むように、東西南北の四禅寺を配置する曼荼羅構造をもっていた）。福州旧城南門から港のある閩江へと、まっすぐ道が伸び、閩江北岸に明清時代の中国人街、1842年以降、南岸に西欧列強の拠点があった。また大型船が停泊できる外港として、福州から閩江を16 kmくだった馬尾が知られてきた。馬尾には羅星塔が立ち、大型船は馬尾に停泊して、小型船で福州に向かうといった光景が見られた。

【MEMO】

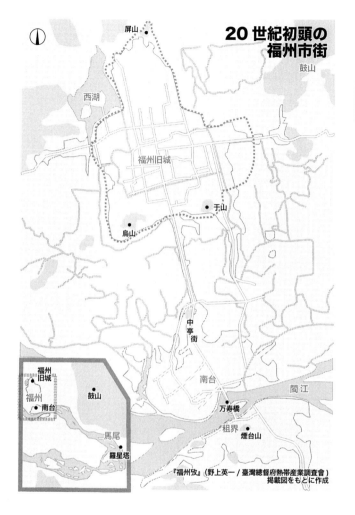

食と榕樹芳醇の福州

【地図】福州

【地図】福州の [★★★]
- ☐ 三坊七巷 三坊七巷サンファンチイシィアン
- ☐ 涌泉寺 涌泉寺ヨォンチュゥアンスウ

【地図】福州の [★★☆]
- ☐ 于山 于山ユウシャン

【地図】福州の [★☆☆]
- ☐ 乌山（乌石山）乌山ウウシャン
- ☐ 西禅寺 西禅寺シイシャンスウ
- ☐ 闽江 闽江ミィンジィアン

福州

Fuzhou 　食と榕樹芳醇の福州

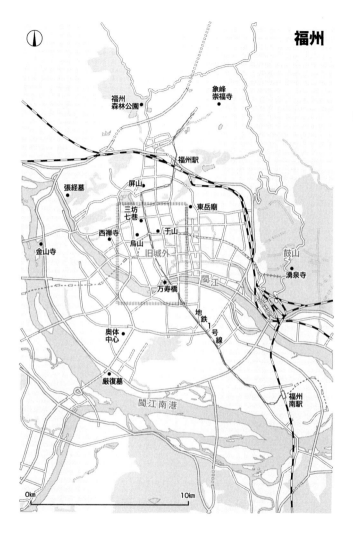

【MEMO】

【MEMO】

Guide,
Fu Zhou Jiu Cheng
福州旧城
城市案内

于山にそびえる白塔と
烏山にそびえる烏塔（黒塔）
豊かな緑に包まれた福州旧城

于山 于山 yú shān ユウシャン［★★☆］

福州市街の中心部に立つ高さ58.6mの于山。この地で暮らしていた非漢族の于越氏から、「于山」という名前がとられ、道観、仏教寺院が集まる福州の景勝地と知られてきた。仙人になる修行をした何氏9人兄弟にちなむ「九仙観」、山頂に立つ「大士殿」、倭寇討伐にあたった戚継光（〜1587年）をまつる「戚公祠」のほか、宋代から1000年に渡って刻まれた「于山摩崖石刻」が見られる。

CHINA
福建省

白塔寺 白塔寺 bái tǎ sì バイタアスウ ［★★★］

高さ41m、八角七層の白塔は福州の象徴とも言え、正式名称を定光多宝塔という。この白塔の立つ白塔寺は、唐代の905年に創建され、法雨堂を中心に一直線に伽藍が展開する。于山の白塔は、西側の烏山に立つ烏塔（黒塔）と対置するようにそびえる双塔となっている。

烏山（烏石山）乌山 wū shān ウウシャン ［★☆☆］

烏山（烏石山）は福州三山のひとつで、福州で仙人となった何氏の9兄弟が、この山で「烏」を採ったという伝説が残る。

▲左　旧城南部の于山に立つ白塔。　▲右　白と黒、白塔と対比する烏山の烏塔

唐（618〜907年）代から景勝地として知られ、いくつもの奇石が点在し、あわせて200あまりの石刻「烏山摩崖題刻」、道教の神さまの呂洞賓をまつる「呂祖宮」、サツマイモを育て飢饉を乗り越えた福建巡撫の金学曽にちなむ「先薯亭」などが見られる。

烏塔（崇妙保経堅牢塔）乌塔 wū tǎ ウウタア［★★☆］

東の白塔に相対するように立つ高さ35m、八角七層の烏塔（「崇妙保経堅牢塔」）。唐代、徳宗（742〜805年）のために建てられた浄光塔に由来し、941年、閩国の王審知の子王延

【地図】福州旧城

【地図】福州旧城の [★★★]
- ☐ 白塔寺 白塔寺バイタアスウ
- ☐ 三坊七巷 三坊七巷サンファンチイシィアン

【地図】福州旧城の [★★☆]
- ☐ 于山 于山ユウシャン
- ☐ 烏塔（崇妙保経堅牢塔）乌塔ウウタア
- ☐ 林則徐紀念館 林则徐纪念馆 リィンチェスウジイニィエングゥアン
- ☐ 東街口 东街口ドォンジエコウ

【地図】福州旧城の [★☆☆]
- ☐ 烏山（烏石山）乌山ウウシャン
- ☐ 福州文廟 福州文庙フウチョウウェンミャオ
- ☐ 閩王祠 闽王祠ミィンワァンツウ
- ☐ 福州開元寺 福州开元寺フウチョウカァイユゥエンスウ
- ☐ 華林寺 华林寺フゥアリィンスウ
- ☐ 西湖 西湖シイフウ

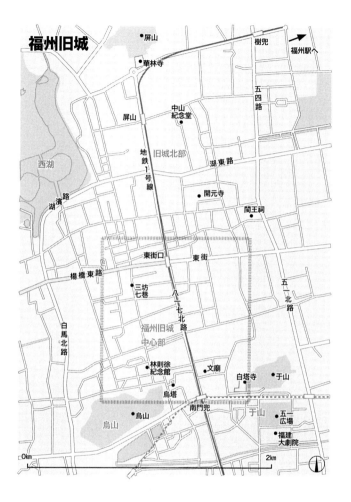

【MEMO】

【MEMO】

【地図】福州旧城中心部の [★★★]
- [ ] 白塔寺 白塔寺バイタアスウ
- [ ] 三坊七巷 三坊七巷サンファンチイシィアン

【地図】福州旧城中心部の [★★☆]
- [ ] 于山 于山ユウシャン
- [ ] 烏塔（崇妙保経堅牢塔）乌塔ウウタア
- [ ] 林則徐紀念館 林则徐纪念馆 リィンチェエスウジイニィエングゥアン
- [ ] 東街口 东街口ドォンジエコウ

【地図】福州旧城中心部の [★☆☆]
- [ ] 烏山（烏石山）乌山ウウシャン
- [ ] 福州文廟 福州文庙フウチョウウェンミャオ
- [ ] 福州清真寺 福州清真寺フウチョウチンチェンスウ
- [ ] 安泰楼 安泰楼アンタァイロウ

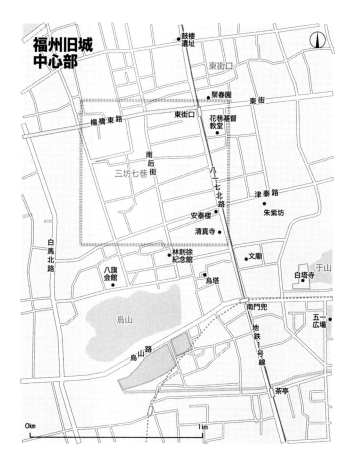

福建省

曦によって再建された。福州にはかつて7つの塔があったと言われ、黒色の外観をもつこの烏塔と白塔が現存する。

林則徐紀念館 林则徐纪念馆 lín zé xú jì niàn guǎn
リィンチェスウジイニィエングゥアン [★★☆]

林則徐(1785〜1850年)は、イギリスのアヘン密輸に敢然と立ち向かった清朝末期の官吏。福州生まれで、アヘン戦争のなかで罷免されたが、現在は中国の民族的英雄とされている(アヘン戦争に敗れた清朝は福州はじめ5つの港町を開港させられた)。1905年、ここに林則徐祠堂がおかれていたが、

▲左　気骨ある福州人の林則徐。　▲右　広大な中庭をもつ文廟、学問の神さまである孔子をまつる

1982年に林則徐記念館として開館して現在にいたる。清朝の官服を着た林則徐像が安置され、碑刻や書簡、大砲なども見える。

福州文廟 福州文庙
fú zhōu wén miào フウチョウウェンミャオ [★☆☆]

学問の神さま孔子がまつられた福州文廟。唐代の773年に創健はさかのぼり、2006年に現在の姿となった。孔子像を安置する大成殿を中心に、周囲には儒学者の像がならぶ。

CHINA
福建省

福州清真寺 福州清真寺
fú zhōu qīng zhēn sì フウチョウチンチェンスウ ［★☆☆］
福州では唐（618〜907年）代からイスラム教徒が暮らし、その信仰の中心となってきた福州清真寺（モスク）。明代の1549年に再建され、いくども改修されて現在にいたる。

安泰楼 安泰楼 ān tài lóu アンタァイロウ ［★☆☆］
安泰楼は、福州旧城三坊七巷のそばに立つ福州料理の老舗。清朝末期から創業1世紀の老舗で、近くにかかる安泰橋からその名がとられた。「太平燕（アヒルの卵が入ったスープ）」「魚

▲左　安泰楼は福州中心部に位置する福州料理の名店。　▲右　明清時代の面影を今に伝える三坊七巷

丸」「煎包」「焼き包子」「春巻き」などが人気料理となっている。

三坊七巷 三坊七巷
sān fāng qī xiàng サンファンチイシィアン [★★★]

南北に走る南后街を中心に、「衣錦坊」「文儒坊」「光禄坊」の3つの坊と、「楊橋巷」「郎官巷」「塔巷」「黄巷」「安民巷」「宮巷」「吉庇巷」の7つの巷からなる三坊七巷。このあたりは唐宋代から福州の繁華街があったところで、200を超える古民家がずらりと集まる。2005年に整備された。

【地図】三坊七巷

【地図】三坊七巷の ［★★★］
- [ ] 三坊七巷 三坊七巷サンファンチイシィアン

【地図】三坊七巷の ［★★☆］
- [ ] 东街口 东街口ドォンジエコウ
- [ ] 林則徐紀念館 林则徐纪念馆 リィンチェエスウジイニィエングゥアン
- [ ] 烏塔（崇妙保経堅牢塔）乌塔ウウタア

【地図】三坊七巷の ［★☆☆］
- [ ] 福州清真寺 福州清真寺フウチョウチンチェンスウ
- [ ] 安泰楼 安泰楼アンタァイロウ

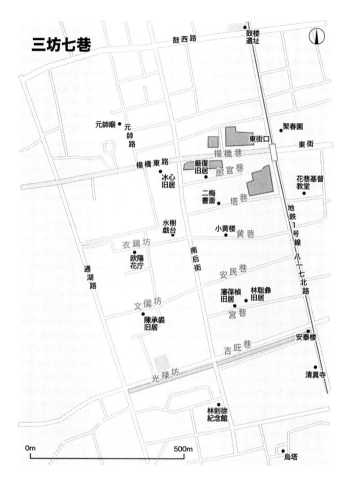

Fuzhou 福州旧城城市案内

CHINA
福建省

華やかな三坊七巷

「文儒坊」といった名前が残るように、明清時代の三坊七巷には多くの文人や官吏が暮らしていた。白の漆喰壁、黒の屋根瓦、屋根には「風火墻（うだつ）」が見られる伝統建築は、「大厝」と呼ばれ、木材とレンガを使った邸宅となっている。三坊七巷の目抜き通り、南后街の軒先にはこの地方の伝統工芸が売られていて、芯材をもたない「脱胎漆器」、降雨量の多いこの地方で親しまれてきた「油紙傘（唐傘）」、牛の角でつくった女性のための「牛角梳」が福州を代表する工芸品と知られる。

東街口 东街口 dōng jiē kǒu ドォンジエコウ ［★★☆］

東街口は東百商場をはじめとする大型商業店舗の集まる繁華街。福州に晋代の子城があった時代から、福州旧城の中心地として1500年以上にぎわいは続き、山海の珍味を集めたスープ佛跳墻発祥の店の「聚春園」、キリスト教会の「花巷基督教堂」なども位置する。東街口から東に向かって、1階がアーケード状の騎楼（福建省、広東省で見られる）様式をもつ「東街」が伸びる。

福建省

閩王祠 闽王祠 mǐn wáng cí ミィンワァンツウ ［★☆☆］

教育や貿易を促進し、福州の街づくりを進めた王審知（862〜925年）の邸宅がおかれていた閩王祠。王審知は唐末の混乱のなかで、華北から当時未開の地であった福建に入り、やがて実権をにぎって、909年に閩王（福建省地方政権の王）となった。946年、王審知の故居は閩王祠として整備され、現在は王審知にまつわる記録の刻まれた高さ5m、幅1.9mの閩王徳政碑が立つ。

▲左　王審知の邸宅跡が整備された閩王祠。　▲右　唐代全国各地に開元寺が建てられた、福州開元寺もそのうちのひとつ

福州開元寺 福州开元寺 fú zhōu kāi yuán sì
フウチョウカァイユゥエンスウ [★☆☆]

南朝梁武帝時代の549年に創建をさかのぼる古刹の福州開元寺。唐(618～907年)の玄宗が全国に官寺を建立するにあたって、738年、この寺が開元寺となり、会昌の廃仏でも破壊をまぬがれて現在にいたる。金泥で装飾された高さ5.3mの坐像、また中庭には遣唐使として海を渡り、福州を訪れた空海の像も見られる。

福建省

華林寺 华林寺 huá lín sì フゥアリィンスウ [★☆☆]

福州旧城三山のひとつ屏山の南麓に位置する華林寺。964年、呉越国（907〜978年）の福州知事の鮑脩譲によって建てられた。華林寺大殿は南中国最古の木造建築で、創建当時の様式を残す。

【MEMO】

福州から琉球長崎へ

福州と友好都市関係を結ぶ那覇市と長崎市
東海を越えての往来は500年におよび
ふたつの街には福州文化の足跡が残る

琉球と福州

琉球国中山王は1372年、明へ朝貢使節を派遣し、福州旧城外の「柔遠駅」がその受け入れ窓口となっていた(当初、泉州だったが、福州へ遷った。日本の窓口は寧波「安遠駅」だった)。500年のあいだに241回の朝貢、のべ20万人を超える琉球人が福州を訪れたと言われ、こうした交流のなかで苦瓜、アシディビチ、豆腐チャンプルといった福州料理が沖縄でも食べられるようになり、仏教の影響から長らく肉食が禁じられていた日本と違って、沖縄では豚を使った料理が多く見られる。また「クーサンクー(公相君)」など多くの中国語が

CHINA
福建省

使われる「空手(唐手)」も、福州から沖縄、日本へ伝わったもののひとつにあげられる。琉球国(1429〜1879年)では「中国を父、日本を母に」といった立場から、薩摩の島津氏にも使節を送っていたが、日本の明治維新(1868年)後に廃藩置県が行なわれ、1879年に琉球国は沖縄県となった。結局、1875年の清朝への朝貢が最後となり、福州琉球館の歴史も幕を閉じた。

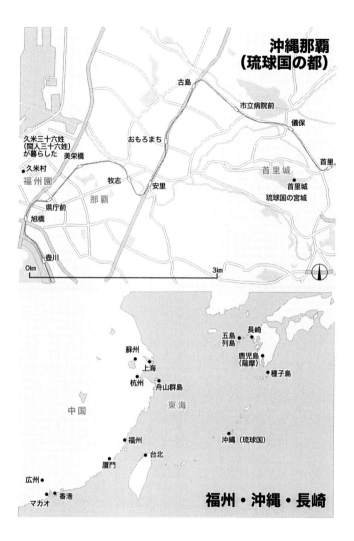

▲左 昔ながらの福州旧城の路地。 ▲右 福州の狛犬、沖縄ではシーサーが知られる

長崎と福州

大航海時代の1571年、ポルトガル人によって天然の良港をもつ長崎が開かれ、江戸幕府による鎖国政策後も、中国、オランダとの貿易が長崎で行なわれた。そのうち中国との貿易は全体の3分の2になり、日本と中国を結ぶ航路が南中国にあったことから、多くの福州人が長崎を訪れている。当時、長崎の人口6万人に対して、1万人が中国人であったと言われ、長崎中華街にその名残が見られる。これら長崎の華僑に応えるように、1624年に興福寺(南京寺)、1628年に福済寺(漳州泉州寺)、1629年、崇福寺(福州寺)が建てられ、これら

【MEMO】

CHINA
福建省

を長崎の三福寺と呼ぶ。1685年、清朝第4代康熙帝は福州と厦門の官吏に、長崎へ船を送るよう命じるなど、とくに福建と長崎には強い関係があった。旗揚げやペーロンといった長崎の行事に、中国文化の影響が見られるほか、しっぽく料理（福建料理）、福建会館、長崎で催される中国の行事も両者の交流を示すものとなっている。

福州華僑の伝えた食材

隠元（1592〜1673年）は福州近くの福清黄檗山萬福寺の住職で、長崎の華僑の招きで1654年に来日した。この隠元は1661年、江戸幕府の保護を受けて、京都宇治に黄檗山萬福寺を開山しているが、そのとき中国の最先端の文化とともに、隠元豆やレンコン、スイカなどを日本にもたらしたことでも知られる。同様に、もやしは唐人貿易のなかで、長崎に伝えられ、穀類の種子を光をあてることなく発芽させるため、中国商人が船底で栽培していたのだという。かりんとうや、そうめんも同時期、同ルートでもたらされた。

Guide, Jiu Cheng Wai
旧城外城市案内

福州旧城の北西に位置する人造湖の西湖
また閩江の岸辺は南台と呼ばれて
長らく福州の港がおかれた場所だった

西湖 西湖 xī hú シイフウ ［★☆☆］

福州旧城の北西に広がる周囲 4 kmの西湖。福州の街づくりが進められた晋の 282 年に貯水湖として整備され、以来、福州を代表する景勝地となってきた。福建省の歴史、民俗、自然の関する展示が見られる「福建省博物館」、人びとの憩いの場となっている「福州動物園」、仏教寺院の「開化寺」、林則徐の遺像が安置された「桂斎」が位置する。

【地図】旧城外

【地図】旧城外の [★★★]
- ☐ 白塔寺 白塔寺バイタアスウ
- ☐ 三坊七巷 三坊七巷サンファンチイシィアン

【地図】旧城外の [★★☆]
- ☐ 柔遠駅（福州琉球館）柔远驿ロウユゥエンイイ
- ☐ 泛船浦天主教堂 泛船浦天主教堂 ファンチュゥアンプウティアンチュウジィアオタァン
- ☐ 于山 于山ユウシャン
- ☐ 東街口 东街口ドォンジエコウ

【地図】旧城外の [★☆☆]
- ☐ 西湖 西湖シイフウ
- ☐ 西禅寺 西禅寺シイシャンスウ
- ☐ 閩江 闽江ミィンジィアン
- ☐ 閩王祠 闽王祠ミィンワァンツウ
- ☐ 福州開元寺 福州开元寺フウチョウカァイユゥエンスウ
- ☐ 烏山（烏石山）乌山ウウシャン
- ☐ 華林寺 华林寺フゥアリィンスウ

旧城外

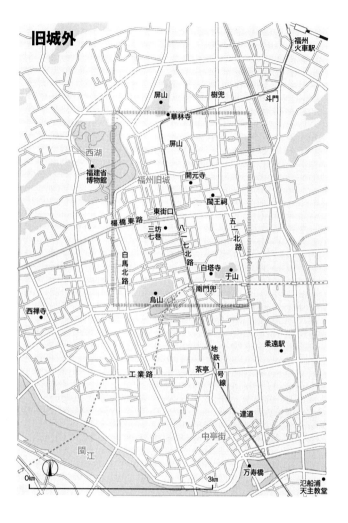

Fuzhou | 旧城外城市案内

福建省

西禅寺 西禅寺 xī chán sì シイシャンスウ ［★☆☆］

福州旧城の西郊外に立ち、高さ67m、八角十五層の報恩塔がそびえる西禅寺。南朝梁（502〜557年）の時代、道士王覇の住居があった場所で、867年に大安禅師が招かれ、仏教寺院となった。西禅寺という名前は、福州旧城をとり囲むように配置された4つの禅寺の西側にあったことにちなむ。

▲左　ここに100人もの琉球人が常駐していた、柔遠駅（福州琉球館）。
▲右　博物館や景勝地が集まる西湖

柔遠駅（福州琉球館）柔远驿
róu yuǎn yì ロウユゥエンイイ [★★☆]

明清時代、朝貢に訪れた琉球の人たちを迎える迎賓館だった柔遠駅。福州は琉球国の中国側の受け入れ窓口で、清代は「福州琉球館」の名でも知られた。福州と琉球の関係は、1372年から1875年まで500年のあいだ続き、100人ほどの琉球の人びとが暮らしていた（明治維新後の廃藩置県で、琉球国は沖縄県となった）。福州旧城外にあるのは夷狄を隔離する意図があったとされ、北京にのぼる使節以外はここ柔遠駅に滞在し、交易を行なった。

福建省

閩江 闽江 mǐn jiāng ミィンジィアン [★☆☆]

武夷山系から東海にそそぐ全長577 kmの閩江。その流域面積は6万800平方キロにおよび、福建省の面積の半分に達する。閩江の流れを使って人びとの生活に必要な物資が運搬され、また移動手段にもなった。閩江河口部に位置する福州はこの水系の港となり、物資が集散した。

▲左　閩江ほとりに立つ泛船浦天主教堂。　▲右　船舶が往来する閩江、河口に近づくほど川幅が増す

泛船浦天主教堂 泛船浦天主教堂
fàn chuán pǔ tiān zhǔ jiào táng
ファンチュゥアンプウティアンチュウジィアオタァン [★★☆]

閩江南岸にのぞむ高さ 31.2m、石づくりの泛船浦天主教堂（天主堂）。1842 年、アヘン戦争後の南京条約で福州が開港されると、イギリスをはじめとする西欧人は閩江南岸の煙台山に拠点を構え、周囲に教会、欧風建築などがならんでいった。この泛船浦天主教堂は 1864 年に建てられ、1933 年に重建されて現在の姿となった。

Guide, Fu Zhou Jiao Qu
福州郊外城市案内

福州旧城の東郊外にそびえる標高 900m の鼓山
また馬尾は福州外港として
海のシルクロードの舞台にもなってきた

涌泉寺 涌泉寺 yǒng quán sì ヨォンチュゥアンスウ[★★★]
鼓山中腹に立ち、福建省を代表する名刹として知られる涌泉寺。開閩王の王審知(862〜925年)によって908年、創建され、1405年、境内に泉が湧き出していることから、涌泉寺と呼ばれるようになった。涌泉寺の庭先には、寺号の由来となった「羅漢泉」が見え、また天王殿前の左右には、楼閣式の陶器製双塔「千仏陶塔」が立つ（直径1.2mの八角九層で高さは7mになる）。明（1368〜1644年）代末期に再建された、天王殿、大雄宝殿、法堂、極彩色の屋根をもつ伽藍が奥に展開する。あたりには時代を超えて彫られ続けた400もの鼓山

【地図】福州郊外

【地図】福州郊外の ［★★★］
- ☐ 涌泉寺 涌泉寺ヨォンチュゥアンスウ

【地図】福州郊外の ［★★☆］
- ☐ 馬尾 马尾マアウェイ
- ☐ 羅星塔 罗星塔ルゥオシィンタア
- ☐ 柔遠駅（福州琉球館）柔远驿ロウユゥエンイイ

【地図】福州郊外の ［★☆☆］
- ☐ 閩江 闽江ミィンジィアン

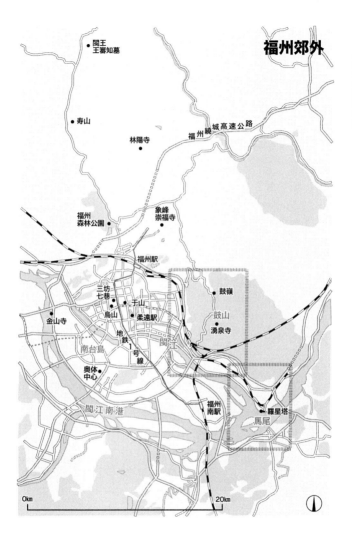

【地図】鼓山

【地図】鼓山の [★★★]
- 涌泉寺 涌泉寺ヨォンチュゥアンスウ

【地図】鼓山の [★☆☆]
- 閩江 閩江ミィンジィアン

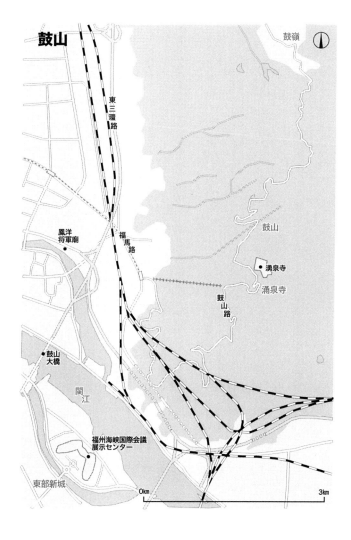

磨崖題刻はじめ、景勝地が点在し、幽玄な世界が広がっている。

馬尾 马尾 mǎ wěi マアウェイ [★★☆]
福州から閩江を 16 km くだったところに、古くから福州の外港として知られた馬尾が位置する。ここは東海に近く、水深や川幅でより有利な港湾環境にあるため、海のシルクロードの拠点（鄭和の艦隊など）としてたびたび顔をのぞかせてきた。閩江を遡行してきた大型船は馬尾で停泊し、そこから先は小型船で福州へ向かったという。また 1840 ～ 42 年のアヘ

▲左　鼓山涌泉寺は福建省を代表する名刹。　▲右　馬尾に立ち灯台の役割を果たした羅星塔

ン戦争後は海軍学校がおかれ、上海や天津とともに福州馬尾から中国の近代化がはじまった。福州西方で南北ふたつの流れにわかれた閩江が再び合流する地点でもある。

羅星塔 罗星塔 luō xīng tǎ ルゥオシィンタア ［★★☆］

羅星塔は馬尾羅星山に立つ高さ 31.5m の楼閣式石塔。宋代（960〜1279 年）、苦役に従事させられ、生命を落とした夫の冥福を祈って、柳七娘が建てたのをはじまりとする。閩江を往来する船乗りたちへの灯台の役割を果たし、明代（17世紀）に再建されたのち、1964 年に公園として整備された。

【地図】馬尾

【地図】馬尾の [★★☆]
- [ ] 馬尾 马尾 マアウェイ
- [ ] 羅星塔 罗星塔 ルゥオシィンタア

CHINA
福建省

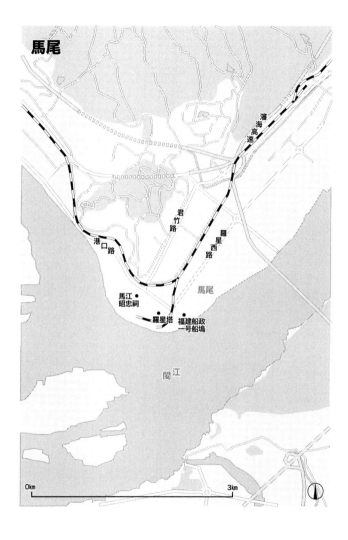

城市のうつりかわり

1年を通して温暖な気候が続く福州
2000年持続する
福建省の省都の歩み

閩越国〜晋（紀元前3〜5世紀）

古く、福州は漢族とは異なる越族（閩越）の暮らす世界であった。紀元前221年、秦の始皇帝が、続いて漢の劉邦が中国統一を果たしたものの、中原からははるか遠く、紀元前202年、無諸をこの地方の閩越王と認め、東冶（福州）に都がおかれた。最初の福州都城（冶城）は華林寺近く、屏山の東端の小さな丘に築かれ、閩越の領土は浙江省南部から福建省にかけて広がっていた。またこの時代、福州で何氏が仙人になったという伝説も残る。時代がくだった282年、晋安郡がおかれ、漢族の厳高が福州の太守に任じられると、冶城から越王山（屏

福建省

山)の南麓に城が築かれた。多くの樹木が植えられ、人造湖（西湖）をつくるなど、福州の基盤が整えられた。

唐～北宋（7～12世紀）

唐代になっても福州の住民の多くは非漢族だったが、唐玄宗の725年、福州都督府がおかれ、福州の名前が定着するようになった。唐末期の混乱のなかで、華北から南遷した王審知（862～925年）は、福建観察使、節度使を歴任して福州の実権をにぎり、やがて五代十国閩国の王となった。王審知は901年に羅城、908年にその南北に月城（夾城）を築き、開

▲左 多くの人が往来する福州駅。 ▲右 まず商店や飲食店が集まる三坊七巷に行ってみよう

墾を進め、教育や交易を促進して現在の福州繁栄の礎を築いたため、「開閩王」とたたえられている。やがて五代十国から北宋に時代は遷り、1066年、福州太守張伯玉が住民に栽培を奨励したため、水路や堤防にそってガジュマル（榕樹）がならぶようになった。またこの時代から、多くの福州人が華僑として東南アジアなどに進出していった。

南宋〜元（13〜14世紀）

北宋が滅び、浙江杭州を都とする南宋（1127〜1279年）政権ができると、都と近い距離、海上交易の発達によって、福

CHINA
福建省

建や福州の地位は向上した。時代はくだり、南下したモンゴル族は金を攻略、1276年に杭州を征服すると、海上に逃れた宋の王族、益王が福州で即位したが、やがてモンゴル族の元の統治下に入った(当時、行宮のある福州は福安府と呼ばれた)。南宋、元代を通じて、南中国の経済や文化は北中国に勝っていき、福州も海上交易の拠点となり、閩江奥の江西との交流も進んだ。元代、福州を訪れたマルコ・ポーロは「この都市には多数の商人・工匠がおり、盛大な取り引きが営まれている」「フージュー市に将来された商品は、同じ河に由る水路かもしくは陸路によって、再び各地に運搬される」と

いう記録を残している。

明清（14〜20世紀）

宋元代を通じて海のシルクロードの拠点として繁栄をきわめた泉州は、土砂の堆積などで港湾環境が悪化し、明代成化年間（1464〜1487年）に市舶使が泉州から福州へ移された。こうして人や物資が福州に集まるようになり、福州は福建省最大の都市へと発展をとげた。また1644年に明朝が滅ぶと、明一族の唐王が福州（天興府）で即位し、南明政権がおかれていたことも特筆される（南宋末期と同様の構造となっ

た)。1646年、福州は清の勢力下に入り、満州営がおかれて、福州の統治にあたった。清朝第5代雍正帝は福州はじめ福建省と広東省の方言(発音)があまりに北京のそれと異なるため、正音教育を命じるということもあった。西欧列強が中国へ進出するなか、武力に勝るイギリスがアヘン戦争に勝利し、敗れた清朝は1842年の南京条約で広州、厦門、福州、寧波、上海の開港をよぎなくされた。閩江の河口部である五虎門から65kmさかのぼった福州旧城南の万寿橋(現在の解放大橋)までが開港の対象となった。

▲左　福州中心の五一広場、背後に于山が見える。　▲右　とてつもない量の荷物を運ぶ人に出合った

近現代（19〜21世紀）

アヘン戦争（1840〜42年）の敗北、太平天国の乱（1851〜64年）の鎮圧などで、中国は近代化の必要にせまられ、福州馬尾に造船所や海軍学校が築かれた。また西欧列強は閩江南岸の煙台山界隈に商館や領事館を構え、上海の外灘や廈門島のように、欧風建築がならんでいた。一方、日本も日清戦争（1894〜95年）以後、台湾を獲得して中国進出も進め、1905年に三井物産が福州に出張所を構えている（台湾の対岸にあたる福建省の利権を確保するため、福建省不割譲条約を清朝と結んでいる）。また1911年に辛亥革命が起こったあ

CHINA
福建省

とも混乱は続き、1933年、福建省に派遣された蒋介石配下の十九路軍はクーデターを起こして福建人民政府(中華共和国人民革命政府)という地方政権を樹立している。1949年に中華人民共和国が成立すると、福州中心部に五一広場が整備され、工業都市の性格を強めていった。また当初、中国と台湾とのあいだは緊張状態だったが、やがて多くの福州人が渡り、文化的にもゆかりのある対岸の台湾の投資を呼びこむ政策がとられるなど、省都福州は政治、経済、文化で福建を代表する都市となっている。

Fuzhou

城市のうつりかわり

参考文献

『福州攷』（野上英一 / 臺灣總督府熱帯産業調査會）

『中国省別ガイド 6 福建省』（辻康吾 [ほか] 編 / 弘文堂）

『中国の歴史散歩〈4〉』（山口修・鈴木啓造 / 山川出版社）

『中国福建省・琉球列島交渉史の研究』（中国福建省・琉球列島交渉史研究調査委員会 / 第一書房）

『東方見聞録』（マルコ・ポーロ / 平凡社）

『中国碑林紀行 40 福州の三山をめぐる』（何平 / 人民中国）

『世界大百科事典』（平凡社）

仓山区旅游局（中国語）http://lyj.fzcangshan.gov.cn/

[PDF] 福州地下鉄路線図 http://machigotopub.com/pdf/fuzhoumetro.pdf

[PDF] 福州 STAY（ホテル＆レストラン情報）http://machigotopub.com/pdf/fuzhoustay.pdf

まちごとパブリッシングの旅行ガイド

Machigoto INDIA , Machigoto ASIA , Machigoto CHINA

【北インド - まちごとインド】

001 はじめての北インド
002 はじめてのデリー
003 オールド・デリー
004 ニュー・デリー
005 南デリー
012 アーグラ
013 ファテープル・シークリー
014 バラナシ
015 サールナート
022 カージュラホ
032 アムリトサル

【西インド - まちごとインド】

001 はじめてのラジャスタン
002 ジャイプル
003 ジョードプル
004 ジャイサルメール
005 ウダイプル
006 アジメール(プシュカル)
007 ビカネール
008 シェカワティ
011 はじめてのマハラシュトラ
012 ムンバイ
013 プネー
014 アウランガバード
015 エローラ
016 アジャンタ
021 はじめてのグジャラート
022 アーメダバード
023 ヴァドダラー(チャンパネール)
024 ブジ(カッチ地方)

【東インド - まちごとインド】

002 コルカタ
012 ブッダガヤ

【南インド - まちごとインド】

001 はじめてのタミルナードゥ
002 チェンナイ
003 カーンチプラム
004 マハーバリプラム
005 タンジャヴール
006 クンバコナムとカーヴェリー・デルタ
007 ティルチラパッリ
008 マドゥライ
009 ラーメシュワラム
010 カニャークマリ
021 はじめてのケーララ
022 ティルヴァナンタプラム
023 バックウォーター(コッラム〜アラップーザ)
024 コーチ(コーチン)
025 トリシュール

【ネパール - まちごとアジア】

001 はじめてのカトマンズ
002 カトマンズ
003 スワヤンブナート

004 パタン
005 バクタプル
006 ポカラ
007 ルンビニ
008 チトワン国立公園

【バングラデシュ - まちごとアジア】

001 はじめてのバングラデシュ
002 ダッカ
003 バゲルハット（クルナ）
004 シュンドルボン
005 プティア
006 モハスタン（ボグラ）
007 パハルプール

【パキスタン - まちごとアジア】

002 フンザ
003 ギルギット（KKH）
004 ラホール
005 ハラッパ
006 ムルタン

【イラン - まちごとアジア】

001 はじめてのイラン
002 テヘラン
003 イスファハン
004 シーラーズ
005 ペルセポリス
006 パサルガダエ（ナグシェ・ロスタム）
007 ヤズド
008 チョガ・ザンビル（アフヴァーズ）
009 タブリーズ
010 アルダビール

【北京 - まちごとチャイナ】

001 はじめての北京
002 故宮（天安門広場）
003 胡同と旧皇城
004 天壇と旧崇文区
005 瑠璃廠と旧宣武区
006 王府井と市街東部
007 北京動物園と市街西部
008 頤和園と西山
009 盧溝橋と周口店
010 万里の長城と明十三陵

【天津 - まちごとチャイナ】

001 はじめての天津
002 天津市街
003 浜海新区と市街南部
004 薊県と清東陵

【上海 - まちごとチャイナ】

001 はじめての上海
002 浦東新区
003 外灘と南京東路
004 淮海路と市街西部
005 虹口と市街北部
006 上海郊外（龍華・七宝・松江・嘉定）
007 水郷地帯（朱家角・周荘・同里・甪直）

【河北省 - まちごとチャイナ】

001 はじめての河北省
002 石家荘
003 秦皇島
004 承徳
005 張家口
006 保定
007 邯鄲

【江蘇省 - まちごとチャイナ】

001 はじめての江蘇省
002 はじめての蘇州
003 蘇州旧城
004 蘇州郊外と開発区
005 無錫
006 揚州
007 鎮江
008 はじめての南京
009 南京旧城
010 南京紫金山と下関
011 雨花台と南京郊外・開発区
012 徐州

【浙江省 - まちごとチャイナ】

001 はじめての浙江省
002 はじめての杭州
003 西湖と山林杭州
004 杭州旧城と開発区
005 紹興
006 はじめての寧波
007 寧波旧城
008 寧波郊外と開発区
009 普陀山
010 天台山
011 温州

【福建省 - まちごとチャイナ】

001 はじめての福建省
002 はじめての福州
003 福州旧城
004 福州郊外と開発区
005 武夷山
006 泉州
007 厦門
008 客家土楼

【広東省 - まちごとチャイナ】

001 はじめての広東省
002 はじめての広州
003 広州古城
004 天河と広州郊外
005 深圳(深セン)
006 東莞
007 開平(江門)
008 韶関
009 はじめての潮汕
010 潮州
011 汕頭

【遼寧省 - まちごとチャイナ】

001 はじめての遼寧省
002 はじめての大連
003 大連市街
004 旅順
005 金州新区

006 はじめての瀋陽
007 瀋陽故宮と旧市街
008 瀋陽駅と市街地
009 北陵と瀋陽郊外
010 撫順

【重慶 - まちごとチャイナ】

001 はじめての重慶
002 重慶市街
003 三峡下り（重慶～宜昌）
004 大足

【香港 - まちごとチャイナ】

001 はじめての香港
002 中環と香港島北岸
003 上環と香港島南岸
004 尖沙咀と九龍市街
005 九龍城と九龍郊外
006 新界
007 ランタオ島と島嶼部

【マカオ - まちごとチャイナ】

001 はじめてのマカオ
002 セナド広場とマカオ中心部
003 媽閣廟とマカオ半島南部
004 東望洋山とマカオ半島北部
005 新口岸とタイパ・コロアン

【Juo-Mujin（電子書籍のみ）】

Juo-Mujin 香港縦横無尽
Juo-Mujin 北京縦横無尽
Juo-Mujin 上海縦横無尽

【自力旅游中国 Tabisuru CHINA】

001 バスに揺られて「自力で長城」
002 バスに揺られて「自力で石家荘」
003 バスに揺られて「自力で承徳」
004 船に揺られて「自力で普陀山」
005 バスに揺られて「自力で天台山」
006 バスに揺られて「自力で秦皇島」
007 バスに揺られて「自力で張家口」
008 バスに揺られて「自力で邯鄲」
009 バスに揺られて「自力で保定」
010 バスに揺られて「自力で清東陵」
011 バスに揺られて「自力で潮州」
012 バスに揺られて「自力で汕頭」
013 バスに揺られて「自力で温州」
014 バスに揺られて「自力で福州」

【車輪はつばさ】
南インドのアイラヴァテシュワラ寺院には建築本体に車輪がついていて寺院に乗った神さまが人びとの想いを運ぶと言います。

・本書はオンデマンド印刷で作成されています。
・本書の内容に関するご意見、お問い合わせは、発行元の
　まちごとパブリッシング info@machigotopub.com までお願いします。

まちごとチャイナ
福建省002はじめての福州
～「山海の幸」あふれる省都［モノクロノートブック版］

2017年11月14日　発行

著　者	「アジア城市（まち）案内」制作委員会
発行者	赤松　耕次
発行所	まちごとパブリッシング株式会社 〒181-0013　東京都三鷹市下連雀4-4-36 URL http://www.machigotopub.com/
発売元	株式会社デジタルパブリッシングサービス 〒162-0812　東京都新宿区西五軒町11-13 清水ビル3F
印刷・製本	株式会社デジタルパブリッシングサービス URL http://www.d-pub.co.jp/

MP147

ISBN978-4-86143-281-1 C0326　　　Printed in Japan
本書の無断複製複写（コピー）は、著作権法上での例外を除き、禁じられています。